Karin Rieniets

Was die Farben erzählen

Karin Rieniets

Was die Farben erzählen

Anregungen für 4- bis 12jährige

MAYER

Dem Unternehmen Hans Stockmar GmbH & Co. KG
in Kaltenkirchen sei an dieser Stelle für seine großzügige
Förderung herzlich gedankt.

Die deutsche Bibliothek – CIP-Einheitsaufnahme

Rieniets, Karin:
Was die Farben erzählen : Anregungen für Vier- bis
Zwölfjährige / Karin Rieniets. - Stuttgart ; Berlin : Mayer, 2000
ISBN 3-932386-36-1

ISBN 3-932386-36-1

Layout und Typographie: Karin Rieniets, Bochum
Satz und Druck: Gulde-Druck GmbH, Tübingen

Inhalt

Was die Farben erzählen

»Und je nachdem, wie die Dinge der finsteren, lichtlosen Erdenmaterie aufleuchten, sich farbig darstellen, desto mehr oder weniger haben sie Anteil an der unverweslich leuchtenden Schönheit der göttlichen Welt.«

Dionysius Areopagita

Licht und Farben gehören zusammen. In der Dunkelheit, in der Nacht gibt es sie nicht. Erst wenn das Licht der Sonne am Morgen auftaucht, beginnt die Welt in ihrer wunderbaren Farbigkeit zu leuchten. Im Laufe des Tages verändern sich die Farben. Gegen Mittag strahlen sie am intensivsten, wenn die Abenddämmerung hereinbricht, werden sie matt und schattig.

Aber nicht nur über den Tag erzählen uns die Farben etwas, sondern auch über das Meer, den Himmel, über die Menschen und die Tiere oder über die Pflanzen und die Jahreszeiten. Sie zeigen sich prächtig, wenn die Sonne scheint und trüb wenn es regnet. Die Farben im Frühjahr sind klar und hell, im Sommer wird ihr Ton satter und üppiger. Der Herbst beschert uns einen wahren Farbenzauber, der mit den Wintertagen verlöscht wie ein Feuerwerk.

Alle diese Farbstimmungen beeinflussen bewusst oder unbewusst das menschliche Gemüt. Sie bewirken, dass wir aktiv sind und frohgemut oder passiv und niedergeschlagen.

Im Sprachgebrauch heißt es, dass man rot wird vor Zorn oder Scham, gelb vor Neid und blau vor Wut; man fährt ins Blaue, ärgert sich grün, treibt es zu bunt, sieht alles schwarz oder rosarot. Die Zukunft wird meist in leuchtenden, aber auch in düsteren Farben beschworen. Darin drückt sich aus, dass Farben nicht grundsätzlich positiv erlebt werden. Auf bestimmte z.B. grelle oder düstere Farbtöne und Farbzusammenstellungen, reagiert die Seele mit Antipathie. Heißt es deshalb vielleicht »man bekennt Farbe«, wenn man zu dem steht, was man denkt und fühlt?

Da Farben ganz individuell erlebt werden, decken sich Begriff und Vorstellung praktisch nie. Was ist z.B. grünlich? Ist es hellgrün, blaßgrün, gelbgrün? Wird Blaurot in der Vorstellung mehr als Violett erlebt oder eher als Purpur? Es gibt eine unübersehbare Menge von Tönen und Nuancen. Dieser Tatsache steht das Phänomen gegenüber, dass unsere Sprache nur circa zwei Dutzend Farbbezeichnun-

gen kennt. Deshalb gibt es zahllose Hilfsbezeichnungen, um sie zu beschreiben wie tintenblau, zitronengelb, kreideweiß, meergrün, tomatenrot. Die Reihe ließe sich noch beträchtlich erweitern.

Kinder bringen den Farben eine intensive Zuneigung entgegen. Das zeigt sich nicht nur in ihrer Freude und ihrem Staunen, wenn sie die erste leuchtend gelbe Frühjahrsblume entdecken oder im Herbst eine braune, glänzende Kastanie aufspüren, sondern gerade wenn sie beim Malen und Modellieren mit Farben umgehen. Farben bedeuten für sie eine Steigerung ihrer Ausdruckskraft. Über die Farben kommen sie mit der Welt ins Gespräch.

Kinder besitzen ein ursprüngliches Farbgefühl, einen Sinn für die Farbe. Bei der Farbenwahl spielen die Gemütsverfassung, das Wohlbefinden oder bestimmte Vorlieben eine Rolle. Auch die Inhalte dessen, was das Kind darstellen will und die Bedeutung, die das Dargestellte für das Kind hat, bestimmen die Auswahl der Farben.

Je jünger das Kind ist, desto unbefangener setzt es die Farben ein, meist ohne einen Bezug zur Thematik. Gebannt verfolgt es die Farbvorgänge auf der Bildfläche, es beobachtet fasziniert wie sich Farben verändern und ineinanderfließen, wie ein neuer Farbton erscheint oder unter einem anderen verschwindet. Ältere Kinder beinflussen bewusst das Farbgeschehen, indem sie experimentieren, ausprobieren und ihr Bild nach ihren individuellen, bildnerischen Vorstellungen farbig ausgestalten.

»**D**ie Farben sind Wirklichkeiten für das Kind, nicht nur Material. Mit Farben malen dürfen ist ein Ereignis, in dem häufig der Bezug zu anderen Wirklichkeiten – außerhalb des Malens – und auch zu den zeichnerisch herstellbaren Zeichen untergeht. Das Kind malt dann um des Malens willen. Es verhält sich zur Farbe anders als zur Zeichnung. Es entwickelt dabei eingenartige Malvorgänge: es baut Farbfelder aneinander, es überdeckt und übermalt, es breitet die Farben fleckhaft aus und lässt sich von dem Entstehenden führen. Das Kind malt, indem es seine Farben aufeinander abstimmt und in Beziehung zueinander bringt. Es strebt von sich aus eine Ganzheit des Farbgefüges an.«[1]

Die vielfältigen Farben in eine neue, selbst geschaffene Ordnung zu stellen, die »ganz« d.h. in gewissem Sinn vollkommen ist, das ist ein großartiger Schöpfungsakt, der die Seele mit tiefer Freude erfüllt. Kinder können dies nicht oft genug erleben.

1 Reinhard Pfennig, Erziehung zum bildnerischen Denken, Oldenburg 1967

Malen und Modellieren nach Farbgeschichten

Die Erzählung »Was geschah, als das Rot, das Gelb und das Blau einander kennenlernten?« enthält mehrere Malgeschichten, wie die Illustrationen auf den Seiten 10 und 11 veranschaulichen. Lassen Sie Ihr Kind spontan entscheiden, was es am liebsten gestalten möchte. Anhand eines Beispieles wird die Naß-in-Naß-Technik beschrieben. Für die Geschichte vom bunten Elefanten werden mehrere Techniken angeboten. Auch hier haben die Kinder freie Wahl, ob sie malen oder modellieren möchten.

Was geschah, als das Rot, das Gelb und das Blau einander kennenlernten?

Zum Vorlesen

Es standen einmal drei Farbtöpfchen nebeneinander. Eines war mit gelber, das zweite mit roter und das dritte mit blauer Farbe gefüllt. Eine Zeitlang schauten sie sich stumm und ein klein wenig misstrauisch an. Dann hielt es das Rot nicht mehr aus: »Hallo, wer seid ihr, wie heißt ihr«, rief es neugierig, »ich bin das Rot, ich bin immer lustig und vergnügt, manchmal auch ungestüm und

hitzig wie das Feuer.« »Oh«, hauchte das Gelb vornehm, »ich bin das Gelb, ich kann am schönsten leuchten, denn ich bin so hell und strahlend wie die Sonne.« Das

Blau schwieg zurückhaltend. »Warum sagst du nichts", wollte das Rot wissen, »bist du traurig?« »Manchmal", antwortete das Blau, »aber meist bin ich nur ruhig und gelassen. Wie ein großer See oder der weite Himmel.« »Dann bist du das Blau«, jauchzte das Rot, »ist das nicht wunderbar, dass wir uns getroffen haben? Jetzt können wir gemeinsam etwas unternehmen! Was sollen wir tun?« Das Gelb überlegte ein wenig, dann sprach es würdevoll: »Ich werde mich auf der Mitte des Blattes langsam ausbreiten und leuchten. Ihr werdet staunen über meinen Glanz.« »Wunderbar«, rief das Rot, »und ich werde um dich herumtanzen und -springen. Und wenn ich darf, werde ich dich vorsichtig, ganz vorsichtig berühren, nur mit den Fingerspitzen.« »Und was wirst du tun?« wandte sich das Gelb an das Blau. Das Blau dachte in aller Ruhe nach, dann sprach es: »Ich werde mich um euch beide legen und euch einhüllen, wie der Nachthimmel den Mond umhüllt. Ihr werdet sehen, dann strahlt ihr beide noch schöner.« Das Gelb breitete sich warm und strahlend aus wie eine Sonne. Das Rot tanzte begeistert Krin-

gel und Kreise darum herum und als es das Gelb berührte, schrie dieses verwundert auf. Ein prächtiges Orange war entstanden. Als sich schließlich das Blau um seine neuen Freunde legte, begannen diese noch eindringlicher zu leuchten. »Du musst noch dunkler werden«, riefen das Gelb und das Rot. Dann wird alles noch viel schöner.« Und so geschah es.

Als das Rot, das Gelb und das Blau nicht nur Freunde geworden waren, sondern erfahren hatten, dass etwas ganz Neues entsteht, wenn sie miteinander umgehen, wollten sie noch mehr unternehmen. »Wenn mich das Gelb berührt, entsteht dann auch so ein prächtiges Orange?« überlegte das Blau gedankenverloren. »Das müsst ihr ausprobieren«, riet das Rot. Da legte sich das Blau gemütlich auf das Blatt. Das Gelb umschlang es von allen Seiten, kam näher und näher, berührte es und »oh«, rief das Rot verwundert aus, »eine ganz neue Farbe ist entstanden. Die Farbe der Blätter, Gräser und Wiesen. Wie heißt du?« »Ich bin das Grün«, sagte die neue Farbe und machte es sich neben dem Blau gemütlich. Da klatschte das Gelb vergnügt in die Hände. »Ich habe zwei neue Farben gemacht, das Orange und das Grün.« »Sachte, sachte«, beschwichtigte das Blau. »Das warst du nicht allein, du hast zusammen mit mir das Grün und zusammen mit dem Rot das Orange hervorgebracht.« Bevor sie sich streiten konnten, rief das Rot aus: »Juhu, jetzt sind wir schon zu fünft: Gelb, Orange, Blau, Grün und Rot. Da können wir ein richtiges Fest feiern!« Und das taten sie auch. Alle Farben hüpften auf das Malpapier und begannen zu singen und umherzuspringen. Das Rot wurde bald übermütig und wollte aus purer Freude alle Farben auf einmal umarmen. »Sei vorsichtig«, warnte das Blau, »wenn du dich zu stark ausbreitest, verdrängst du die neuen Farben, die erscheinen wollen. Schau, hier taucht ein wunderschönes Violett auf!« Die Farben freuten sich über den neuen Freund. Sie nahmen sich alle an den Händen und tanzten einen schönen Reigen.

Drei Farben tanzen einen Reigen

Werkzeug und Material

- **Farbkreisfarben oder Aquarellfarben Karminrot, Zitronengelb und Ultramarinblau***
- **1 Flachpinsel 20 mm breit**
- **saugfähiges Aquarellpapier**
- **1 Malbrett oder eine geeignete Malunterlage**
- **Papier-Klebeband**
- **Behälter** zum Anmischen der Farben
- **Wasserbehälter** zum Auswaschen der Pinsel
- **Schwämmchen und Lappen**

* Wir haben mit Stockmar Farbkreisfarben Rot, Gelb und Blau gearbeitet.

Farbgeschichten in Kombination mit der Aquarelltechnik Naß-in-Naß sind besonders geeignet, kleine Kinder zum Malen mit Farben anzuregen und mit ihnen die Welt der Farben zu entdecken. Da jedes Bild in dieser Technik verschieden ausfällt, da es vieles dem Zufall verdankt, werden hier anhand eines Beispieles die wichtigsten Arbeitsschritte beschrieben. Kinder sollten beim Malen ihre Phantasie möglichst frei entwickeln können.

1 **D**ie Farben Rot, Gelb und Blau verhalten sich auf feuchtem Papier unterschiedlich: Gelb breitet sich wenig aus, Blau gemächlich, Rot am stärksten. Rot neigt dazu, die andere Farbe zu verschlucken, besonders das Gelb. Machen Sie am besten eine Farbprobe.

2 **D**ie Farben Rot, Gelb und Blau mit Wasser anmischen. Die Farben sollen tintenartigen Charakter haben. Machen Sie eine Farbprobe.

3 **D**as Malpapier mit dem Schwamm erst von der Vorder, dann von der Rückseite anfeuchten, dabei das Was-

Rot neigt dazu, andere Farbe zu verschlucken, besonders Gelb.

ser leicht einmassieren. Blatt auf ein Malbrett legen. Überschüssiges Wasser mit dem gut ausgedrückten Schwamm aufnehmen, so dass das Papier matt glänzt. Papier an allen Seiten mit Klebestreifen befestigen, damit es beim Trocknen glatt wird.

4 **J**etzt sollen die Farben einen Reigen tanzen. Rot mit Schwung von oben in die Mitte des Blattes führen. Daneben mit breitem Pinselstrich erst Gelb, dann Blau setzen. Danach Blau von links oben in die Mitte führen, daneben Rot und Gelb malen. An den Rändern bilden sich die Mischfarben.

Achtung!
Pinsel vor jedem Malvorgang in klarem Wasser auswaschen und abtrocknen.

Das Rot, das Gelb und das Blau tanzen einen Reigen.

TIPP
Soll ein Farbton intensiver werden, Farbe nachtupfen. Soll er schwächer werden, mit nassem, sauberem Pinsel Farbe wegnehmen.

Wenn sich an einer Stelle zu viel Farbe sammelt sollte, kann man den »See« mit dem sauberen Schwamm aufsaugen.

Wenn Sie kein Klebband zur Verfügung haben, lassen sich die getrockneten Aquarelle auch plan pressen.

Der bunte Elefant

Zum Vorlesen

In sieben Tagen erschuf Gott die Welt. Zuerst den Tag und die Nacht. Dann den Himmel, dann die Erde und das Meer. Danach Sonne, Mond und Sterne. Am fünften Tag machte er sich daran, die Tiere zu erschaffen; die Vögel in der Luft, die Fische im Wasser, die großen und kleinen Tiere auf der Erde, alles Getier das kreucht und fleucht, jedes nach seiner Art. Der Tag verging geschwind, aber die Arbeit war noch nicht vollendet. Die Tiere mußten noch ihre Farben erhalten. Da rief der liebe Gott die ganze Schar seiner Engel zusammen. »Ihr müßt mir helfen,« sprach er, »den vielen Tieren, die ich heute erschaffen habe, ihre Farben zu geben. Holt schnell Pinsel und Farbtöpfe herbei und macht euch an die Arbeit.«

Bald herrschte ein vergnügtes Treiben und der Himmel begann zu leuchten, denn die Engel mischten die schönsten Farbtöne zusammen. Jeder gab sich beim Malen besondere Mühe. Die Vögel bekamen rote, gelbe und weiße Tupfen auf Kopf und Brust und manche schillerndes Gefieder. Die Papageien wurden kunterbunt angemalt. Die Felle der Tiere erhielten samtiges Braun oder Gelb , einige wurden außerdem gesprenkelt, getüpfelt und gefleckt. Die Flügel der Käfer wurden mit schimmernden Farben versehen, etliche zusätzlich gepunktet, gestreift und phantasievoll gemustert. Ein besonders geschickter Engel verzierte die Schmetterlingsflügel mit wundervollen Ornamenten. Manche Tiere erhielten so ausgeklügelte Farbzusammenstellungen, dass man sie hinterher kaum vom Hintergrund, auf dem sie standen, unterscheiden konnte.

Einige Engel trieben natürlich auch Schabernack. Dem Pinguin malten sie einen Frack, so dass sie immer

aussehen wie kleine, vornehme Herren. Dem Zebra malten sie schwarzweiße Streifen auf das Fell, so dass man meinen könnte, es trüge einen Schlafanzug.

Als die Engel ihre Arbeit fast vollendet hatten, stand ein sehr kleiner Engel vor seinem letzten Tier. Es war der Elefant. Und wie ihr wisst, ist der Elefant eines der größten Tiere. Der kleine Engel schaute in seine Farbtöpfe. In allen waren nur noch Reste übrig. Zuerst erschrak der kleine Engel. Doch dann hatte er eine Idee. »Ich werde alle Farben zusammenschütten, dann reicht sie und der große Elefant wird schön bunt.« Gesagt getan. Der kleine Engel kippte das Rot zum Grün, dazu das Blau, ein bißchen Gelb und Violett und eine Neige Braun. Das rührte er alles kräftig durch. Aber, o Schreck, keine bunte Farbe war entstanden, sondern ein unscheinbares Grau.

Das dies wirklich so gekommen ist, könnt ihr selbst ausprobieren, wenn ihr alle verschiedenen Farbreste, die beim Malen übrig geblieben sind, in einem Behälter zusammenmischt.

Als der kleine Engel ratlos in seinen Farbentopf schaute, begann langsam die Sonne zu sinken. Da blieb ihm nichts anderes übrig, als eilig den Elefanten grau anzumalen, bevor es Nacht wurde, denn bis dahin mußte die Arbeit getan sein.
So bekam der Elefant seine Farbe. Wie hätte er wohl ausgesehen, wenn der kleine Engel die Farben nicht zusammengemischt hätte? Sicher wäre er sehr schön bunt geworden. Könnt ihr euch das vorstellen?

Dann laßt uns einen bunten Elefanten malen!

Wachsmalfarben und Tinte

Werkzeug und Material

- **Wachsmalfarben***
- **Zeichenpapier**
- **blaue Tinte**
- **Flachpinsel ca. 14 mm stark**

1 Den Elefanten in seinen Umrissen mit Bleistift vorskizzieren. Ist der Strich zu stark geworden, abradieren, so dass nur eine schwache Kontur stehen bleibt.

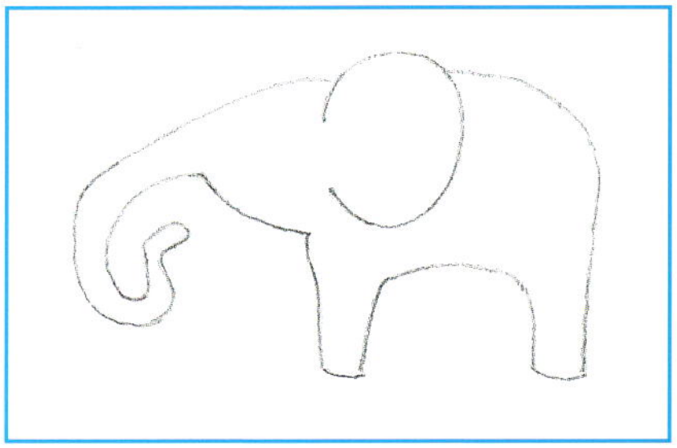

2 Mit Wachsmalfarben satt ausmalen. Da die Zeichnung zum Schluß mit Tinte übermalt wird, sollten z.B. Rüssel und Beine nicht zu viel Blau enthalten, weil sich diese Farbe vom Hintergrund nicht abhebt.

3 Ist der Elefant farbig ausgemalt, einen Flachpinsel ins Tintenglas tauchen und zügig über das Bild streichen. Die Tinte haftet nur auf dem Papier, von den Wachsmalfarben perlt sie ab.

* Wir haben mit Stockmar Wachsmalfarben gearbeitet.

Durch den dunklen Hintergrund beginnen die Farben besonders intensiv zu leuchten.

1 2 3

4 Übermalt man den Hintergrund vor dem farbigen Ausmalen leicht mit weißer Wachsmalfarbe, entsteht ein aufgebrochener Hintergrund (Bild 1). Da diese Technik mit allen Farben funktioniert, die Wasser abweisend sind, kann der Elefant z.B. auch mit einer dunklen Aquarellfarbe übermalt werden (siehe Bild 2).

5 Auf dem Bild bleiben kleine Tintentropfen stehen (3). Man kann sie mit einem Lappen oder Pinsel wegnehmen oder als Gestaltungseffekt stehen lassen.

Modellieren mit Knetwachs

Werkzeug und Material

- **Knetwachs***
  gut zum Verwerten von Resten
- **Zahnstocher, Streichhölzer o.ä.**
  zum Verbinden einzelner Teile
- **ein Stück Blumendraht**
  für den Schwanz
- **Kneifzange**
  zum Abknipsen der Hölzchen

1 Durch Kneten in den warmen Händen wird das harte Knetwachs weich und sehr gut plastizierbar. Für den **kleinen Elefanten** mehrere Farben zusammenkneten. Dafür lassen sich sehr gut Reste verwenden.

2 Knetwachs zu einer Rolle formen, diese rund biegen (1), die Beine mit dem Messer einschneiden (2); danach den Körper und die Beine modellieren. Den Kopfansatz abflachen (siehe Zeichnung 3).

* Wir haben mit Stockmar Knetbienenwachs gearbeitet.

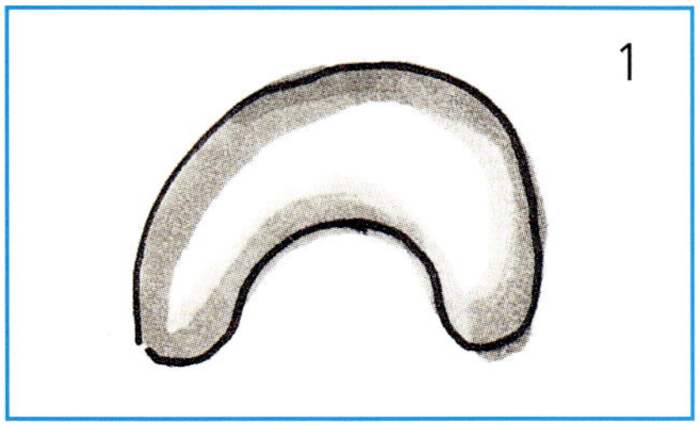

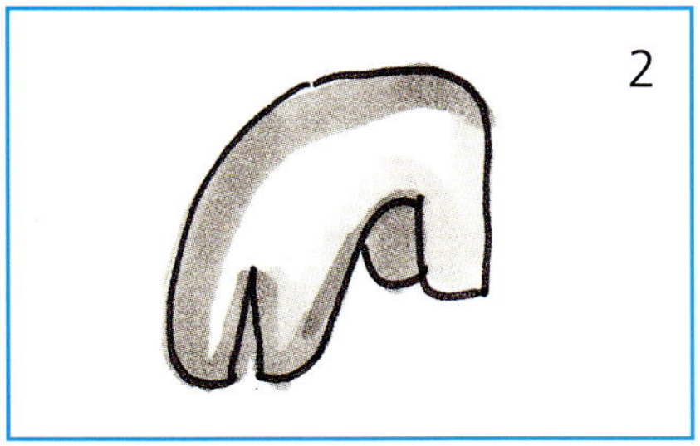

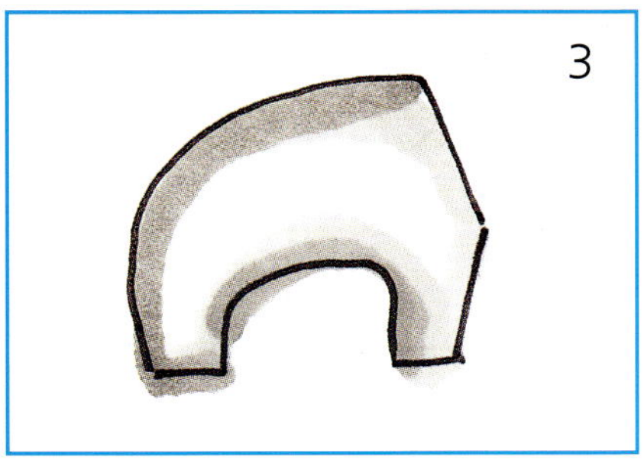

3 Für den Kopf (Abb. 4) eine Kugel formen und den Rüssel direkt herausmodellieren. Den Kopfansatz abflachen (5), Augen einkerben. Kopf und Körper mit Hölzchen verbinden und andrücken.

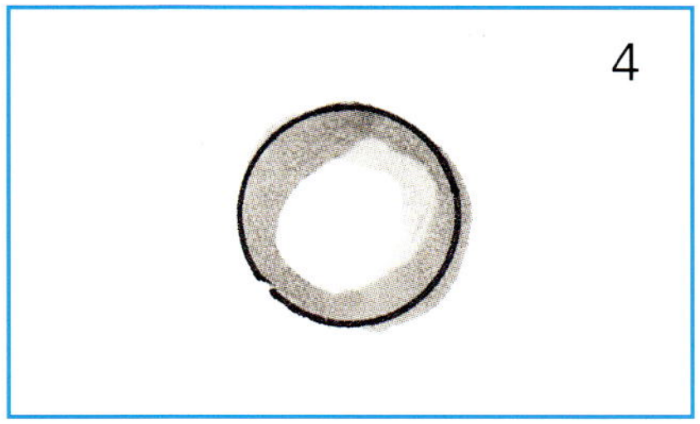

4 Für die Ohren eine Kugel formen, flachdrücken und Ohren ausmodellieren; am Kopf fest aufdrücken; siehe auch Abb. Seite 18.

5 Für den Schwanz ein Stück Blumendraht in Form biegen und mit Knetwachs ummanteln, am Rücken anbringen.

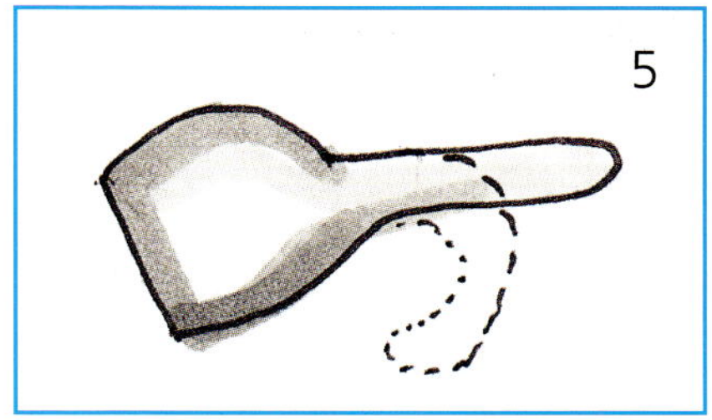

6 Den **großen Elefanten** nach dem gleichen Prinzip modellieren. Zur besseren Stabilität aus einzelnen Teilen zusammensetzen wie die Zeichnung zeigt. Kopf, Ohren und Beine mit Hölzchen am Körper befestigen (Zeichnung 6).

Bei größeren Figuren formt man die einzelnen Teile und setzt sie dann zusammen.

Relief aus Wachsfolien

Werkzeug und Material

- **Wachsfolien* 10 x 8 cm, dunkelblau, hellblau, rot, Reste**
- **Nadel, Messer oder Schere**
- **dünne Pappe für Schablone**
- **1 Stück Goldfaden, Glitzersterne zum Verzieren** (ersatzweise Pailletten oder Goldpapier-Stückchen)
- **roter, blauer, gelber Karton ca. 12 x 10 cm**

Originalgröße für Schablone

1 Für die Schablone Elefanten auf eine dünne Pappe zeichnen, eventuell Zeichnung oben abpausen. Ohr und Sattel nicht vergessen.

2 Schablone ausschneiden und auf dunkelblaue Wachsfolie legen, andrükken, mit der Nadel einritzen, mit Messer oder Schere ausschneiden.

3 Ohr und Sattel aus der Schablone ausschneiden. Ohr aus hellblauer, Sattel aus roter Folie wie beschrieben ausschneiden, Beine einritzen.

4 Den Sattel auf den Elefantenrücken aufdrücken. Schmuckbänder (1) mit Goldfaden anbringen; Faden beim Legen leicht andrücken. Verzierung hinter

* Wir haben mit Stockmar Wachsfolien gearbeitet.

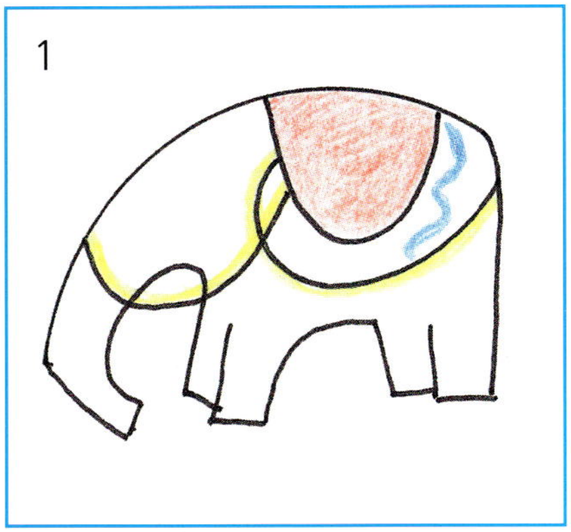

dem Sattel (1) aus dünner Wachsfolien-Rolle legen, aufdrücken.

5 Sattel (2) prächtig verzieren; dafür Goldfaden an einem Ende knoten, Knoten in die Mitte des Sattels drücken und schneckenförmig legen; dabei andrücken. Für die Punkte 1 mm breite, verschieden farbige Streifen abschneiden, zu Kügelchen formen und wie auf Zeichnung (2) anbringen. Sattel zusätzlich mit farbigen Glitzersternchen schmükken (ersatzweise Pailletten,

Perlen, Goldpapierstückchen).

6 Beine verzieren (3). Hierfür Dreiecke aus hellblau-

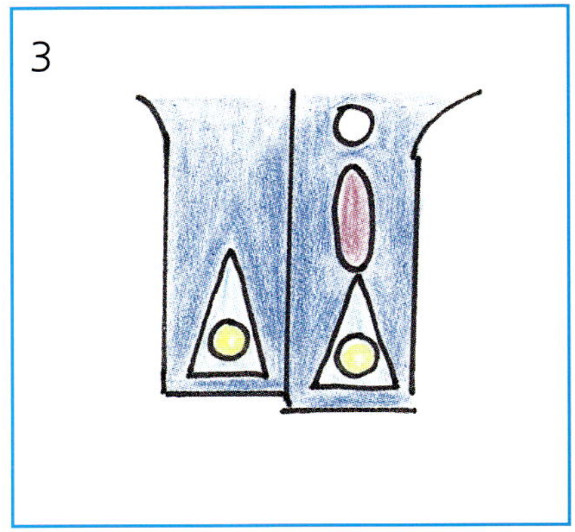

er Wachsfolie, Kügelchen aus gelber und weißer und Streifen aus violetter Wachsfolie verwenden.

7 Für den Kopfschmuck (4) eine kleine Vogelfeder in die Folie drücken, Ohr darüber legen, fest drükken, zusätzlich mit zwei Dreiecken verzieren. Kügelchen als Auge anbringen.

8 Über das fertige Relief ein Blatt legen und alles mit dem Handballen sanft andrücken.

9 Halten Sie einen dunkelblauen, einen gelben und einen roten Karton bereit. Legen Sie den fertigen Zirkuselefanten nacheinander auf die farbigen Blätter. Je nachdem auf welchem farbigen Hintergrund er liegt, verwandelt sich der Elefant. Auf Blau wirkt er würdig und vornehm, das Rot macht ihn prächtig und stolz, das Gelb fröhlich und unternehmungslustig. Ihr Kind darf entscheiden, auf welchem Farbkarton sein Elefant am schönsten aussieht.

Leon der Unsichtbare • Malgedicht von Jens Nawrocki

Es lebt vergnügt in fremdem Land
jenes Camä, Leon genannt,
hört zu, ich sage Euch, es handelt
sich um ein Tier, das sich verwandelt.

Egal, wo es grad steht und geht –
dann seht Ihr, dass Ihr es nicht seht,
weil: läuft es über eine Wiese,
dann wird es grad' so grün wie diese,

und stapft es durch den dunklen Wald,
dann wird die Haut ganz finster bald,
wobei, wenn's sich um Schneefall handelt,
sie rasch in hellstes Weiß sich wandelt,

und als es in der Wüste stand,
da wurd' es gelb wie Wüstensand,
ach, in Herrn Müllers Rosengarten,
da wurd' es rot, wie zu erwarten.

Und schwamm es, das ist lange her,
war es so blau als wie das Meer.
Ihr seht, zu Eurem großen Schrecken
Ist Leon sehr schwer zu entdecken.

Jedoch: Jetzt wird es interessant –
nehmt rasch die Farben in die Hand,
malt Leon rot im blauen Meere,
und überlegt Euch, wie es wäre,

wenn Leon grün im Schneefall geht
und gelb im dunklen Walde steht –
auf diese Art ist zu erfahren:
So sieht man selbst die Unsichtbaren....

Wo
hat Leon sich
versteckt?

Mithilfe einiger Farbexperimente kann man schon kleinen Kindern zeigen, wie neue Farbtöne entstehen. Anhand eines zwölfteiligen Farbkreises werden die Grundregeln des Mischens veranschaulicht.

»Das Licht können wir nicht begreifen und die Finsternis sollen wir nicht begreifen, da ist dem Menschen die Offenbarung gegeben, und die Farben sind in die Welt gekommen, das ist : Blau und Rot und Gelb.«

Philipp Otto Runge

Farb-Experimente

Schon dem schulreifen Kind kann man spielerisch veranschaulichen wie sich Farben durch Mischen verwandeln. Füllen Sie zu diesem Zweck ein Glas mit Wasser, geben Sie zuerst blaue, dann rote Aquarellfarbe hinzu. Rühren Sie die wolkigen Schlieren um; zum staunenden Vergnügen des Kindes ist Violett entstanden. Den gleichen Versuch können Sie mit Rot und Gelb oder Blau und Gelb machen. Oder Sie geben Ihrem Kind ein gelbes, ein rotes und ein blaues Stück Transparentpapier. Halten Sie die Papiere an eine Fensterscheibe und schieben Sie die drei Papierstücke übereinander. Die Mischfarben Orange, Grün und Violett entstehen.

Ein anderes Experiment können Sie mit älteren Kindern machen. Sie benötigen ein rotes, gelbes oder blaues Tuch. Schauen Sie eine Weile intensiv auf das Tuch und dann auf eine weiße Wand. Es entsteht ein Nachbild in der Kontrastfarbe, also bei Rot entsteht ein zartes Grün, bei Blau ein ebensolches Orange und bei Gelb ein blasses Violett. Diese Gegenfarbe bildet sich auch im Auge, wenn man eine Farbe längere Zeit betrachtet und dann die Augen schließt. Man kann den Versuch mit allen Farben wiederholen.

Mit dem ersten Experiment haben Sie mit Ihrem Kind die interessante Entdeckung gemacht, dass man aus den Farben Rot, Blau und Gelb drei neue Farben mischen kann, nämlich Orange , Violett und Grün. Der zweite Versuch zeigt, dass jede Farbe eine Kontrastfarbe hat; diese nennt man Komplementärfarbe.

Für Kinder ist es außerordentlich spannend zu erleben, wie sich die Farben beim Malen verwandeln, zuerst zufällig, später indem sie selbst gestaltend eingreifen. Dabei sollte man es bei den Vier- bis Zwölfjährigen auch belassen. Damit Sie jedoch Fragen beantworten können, die Kinder möglicherweise stellen, und damit Sie selbst Anregungen vermitteln können, soll an dieser Stelle etwas über das Farbenmischen gesagt werden.

Der Farbkreis

Am einfachsten lassen sich die Gesetzmäßigkeiten der Farbbeziehungen und ihr Verhalten beim Mischen an einem Farbkreis verdeutlichen, wie ihn Johann Wolfgang Goethe als erster in seiner Farbenlehre entwickelt hat und auf den viele andere Künstler nach ihm in ihren Farbentheorien Bezug genommen haben. Im abgebildeten Farbkreis[1] wurden dem sechsteiligen Goetheschen Farbkreis sechs weitere Mischfarben hinzugefügt.

1

Aus den Grund- oder Primärfarben lassen sich alle Farben mischen. Je vergleichbarer diese den abgebildeten Tönen sind, desto besser die Mischergebnisse.

In diesem Farbkreis sind die drei Grund- oder Primärfarben Rot, Blau und Gelb (Abb. 1) so angeordnet, dass sie ein gleichseitiges Dreieck bilden (graues Dreieck s. S. 29). Aus den Grundfarben lassen sich alle anderen Farben mischen, sie selbst können jedoch nicht durch Mischen erzeugt werden. Mischt man Rot zu gleichen Teilen mit Blau erhält man Violett. Mischt man Rot zu gleichen Teilen mit Gelb, erhält man Orange. Mischt man Gelb zu gleichen Teilen mit Blau, erhält man Grün. Diese sogenannten Sekundärfarben oder Farben zweiter Ordnung[2] bilden im Kreis ebenfalls ein gleichschenkliges Dreieck (weißes Dreieck s.S. 29).

Die Farbtöne, die zwischen den Primärfarben und den Farben zweiter Ordnung liegen, werden als Farben dritter Ordnung bezeichnet.[2] Gemischt werden sie aus einer Primär- und einer Sekundärfarbe: Rot und Orange ergibt Rotorange, Rot und Violett ergibt Rotviolett, Blau und Grün wird Blaugrün, Gelb und Grün wird Gelbgrün, aus Rot und Orange erhält man Rotorange und aus Gelb und Orange Gelborange (siehe Farbkreis Seite 29).
Alle „reinen Farben des zwölfteili-

2

Je höher der Gelbanteil, desto wärmer ist die Farbe, je höher der Blauanteil desto kälter ist die Farbe.

gen Farbkreises"[2] können nach beiden Richtungen hin abgestuft werden. Man erhält auf diese Weise viele feine Farbnuancen. Die Mischergebnisse zeigen, dass die so gewonnenen Farbtöne entweder mehr zum Bläulichen, bzw. Rötlichen oder Gelblichen neigen, das heißt, immer einer Grundfarbe verwandt sind.

Denkt man sich eine vertikale Linie, die den Farbkreis in zwei Hälften teilt, liegen links die kalten, passiven und dunklen, rechts die warmen, aktiven und hellen Farben. Als Faustregel gilt: je stärker der Gelbanteil in einem Farbton ist, desto wärmer die Farbe, je größer der Blauanteil, desto kälter die Farbe (Abb. 2, Seite 27).

3

Mischt man Komplementärfarben miteinander, entsteht Grau.

Jede Farbe des gesamten Farbenspektrums hat eine Gegenfarbe, die zu ihr den stärksten Kontrast bildet. Diese Farbenpaare nennt man Komplementärkontraste. Mischt man sie zu gleichen Teilen miteinander, verlieren sie ihre Buntheit, es entsteht ein Grau (Abb. 3). Mischt man die Komplementärfarben zu ungleichen Teilen oder vermengt Rot, Gelb und Blau, entstehen Braunnuancen (Abb. 4). Überwiegen in dem Gemisch die Rot- und Gelbanteile, wirkt der Braunton warm, überwiegen die Blau- oder Schwarzanteile, rufen die gemischten Töne einen kühlen Eindruck hervor.

4

Vermischt man Gelb-, Blau- und Rottöne erscheinen Braunnuancen.

Johannes Itten hat in seiner Studie festgestellt, dass »zwei oder mehrere Farben dann harmonisch sind, wenn sie zusammengemischt ein neutrales Grau ergeben. Alle anderen Farbzusammenstellungen, die in der Zusammenmischung kein Grau ergeben, sind expressiver oder disharmonischer Art.«[2]

Schwarz und Weiß sind die Repräsentanten des Lichtes und der Finsternis. Sie bilden den stärksten Farbkontrast. Gemischt ergeben sie ein neutrales Grau. Mischt man die Farben des Farbkreises mit Weiß, Schwarz oder Grau, ergibt sich eine zusätzliche Fülle subtiler Farbnuancen. Mit Weiß werden Farben heller, aber gleichzeitig stumpf; sie verlieren ihre Leuchtkraft. Darum bezeichnet man sie als trüb oder gedämpft. Mischt man eine Farbe dagegen mit Schwarz, nennt man den Mischton dunkeltrüb oder schwarztrüb.[3] Es genügt ganz wenig Schwarz, um eine Farbe abzuschatten oder sogar zu verändern. Während bei

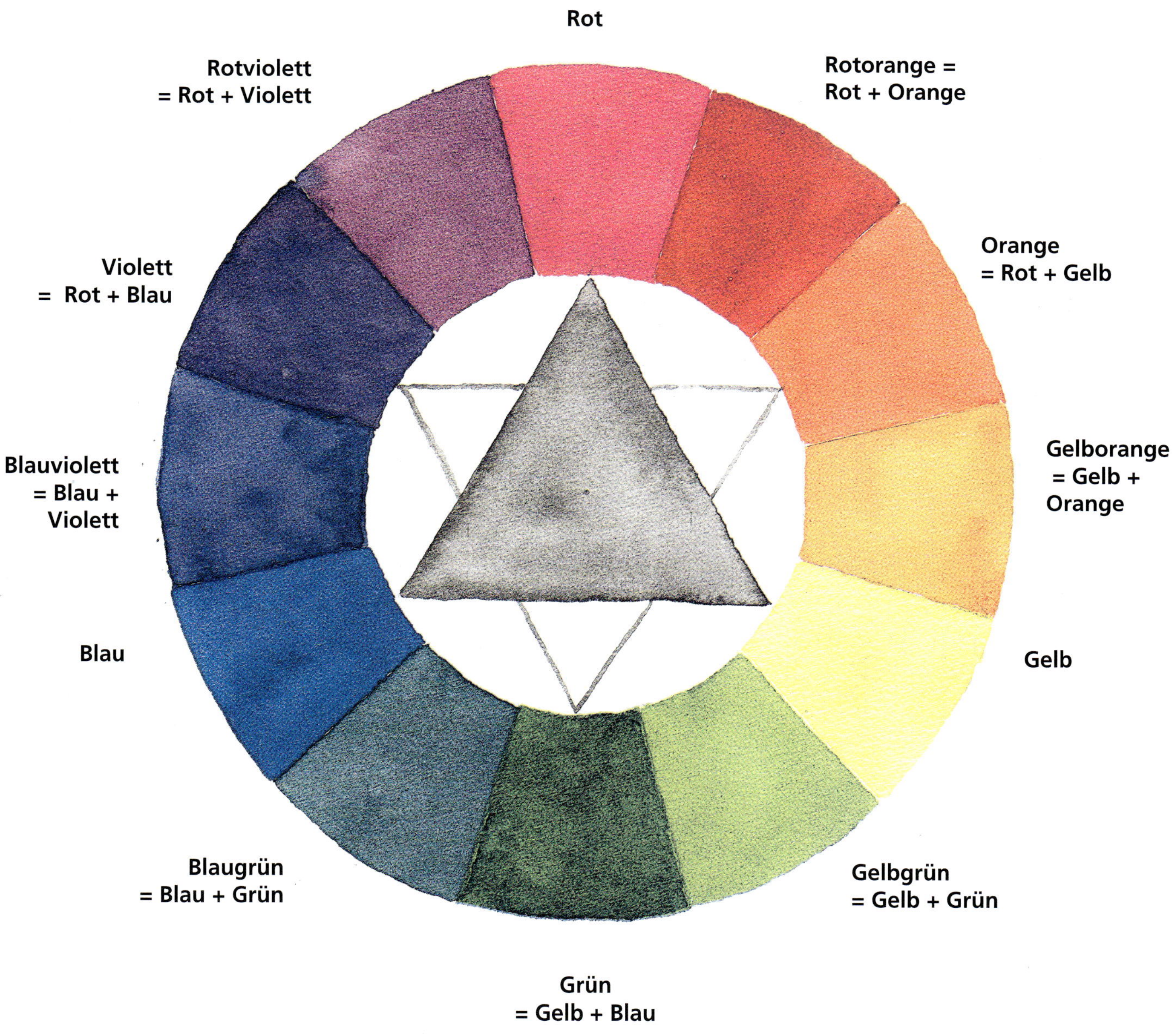
Rot
Rotorange =
Rot + Orange
Orange
= Rot + Gelb
Gelborange
= Gelb +
Orange
Gelb
Gelbgrün
= Gelb + Grün
Grün
= Gelb + Blau
Blaugrün
= Blau + Grün
Blau
Blauviolett
= Blau +
Violett
Violett
= Rot + Blau
Rotviolett
= Rot + Violett

Mit Weiß gemischt, werden Farben stumpf, mit Schwarz gemischt, werden sie dunkeltrüb. Mischungen mit Grau rufen pastellige Töne hervor. 5

Tönen, die mit Weiß gemischt werden, die Ausgangsfarbe erhalten bleibt, vermag Schwarz sie völlig abzuwandeln, ja sogar zu verschlucken. Werden Farben mit Grau gemischt, erhält man eine feine, pastellige Farbpalette (siehe Abb. 5 oben).

Will man bei Aquarellfarben die charakteristische Transparenz und Leuchtkraft erhalten, mischt man lediglich mit Wasser. Das Aufhellen der Aquarellfarbe geschieht, indem man die Farbe mit Wasser verdünnt, so dass mehr weißes Papier - mehr Licht - hindurchscheint. Um einen Farbton abzudunkeln, fügt man mehr Farbe hinzu und verdichtet sie. Es scheint weniger weißes Papier hindurch, mit der Folge, dass die Farbflächen dunkler erscheinen.

Sobald man mehrere Farben in einer Komposition zusammenstellt, gehen sie gegenseitige Beziehungen ein. Sie bilden Farbklänge, Farbkontraste, Farbharmonien. Sie bringen sich zum Leuchten, neutralisieren sich, schatten sich ab. Ob eine Farbkomposition als ausgewogen oder disharmonisch empfunden wird, ist meist auf den persönlichen Geschmack oder eine individuelle Empfindungen zurückzuführen. Der Farbkreis jedoch vermag darüber objektive Aussagen zu machen, wie Johannes Itten herausgefunden hat. »Ganz allgemein kann gesagt werden, dass alle Dreiklänge, deren Farben im zwölfteiligen Farbkreis im gleichseitigen oder gleichschenkligen Dreieck oder im quadratischen oder rechteckigen Beziehungsverhältnissen zueinander stehen, harmonisch sind.«[2]

Der Farbkreis ist ein Urbild der Farbbeziehungen von großer Einfachheit und universeller Aussagekraft.

[1] Farbkreis nach Adolf Hölzel, „Goethes Farbenlehre", Johannes Pawlik, DuMont Köln, 1994

[2] Johannes Itten „Kunst der Farbe", Otto Maier Verlag Ravensburg, 1973

[3] Hans Gekeler, „Handbuch der Farbe", DuMont Köln, 1988

Farbspuren, Farbklänge, Farbstimmungen

In den folgenden Anleitungen werden einige der aufgeführten Farbgesetze angewandt, z.B. das Mischen der Grundfarben, das Mischen durch Überschichten, das Bilden von Farbklängen mit kalten und warmen, hellen und dunklen Tönen, das Aufhellen und Abdunkeln der Farben in einer Gesamtkompostion und das Ausdrücken einer Farbstimmung.

Farbenspuren pusten

Werkzeug und Material

- **Aquarellfarben Rot, Blau und Gelb***
- **2 Rundpinsel, Stärke 12 und 6**
- **Aquarellpapier**
- **Trinkhalm**
  zum Verpusten der Farbe
- **Behälter**
  zum Anrühren der Farbe
- **Wasserbehälter**
  zum Auswaschen der Pinsel
- **Lappen**
  zum Trocknen der Pinsel

* Wir haben mit Stockmar Farbkreisfarben gearbeitet.

Mit dieser Technik lernen Kinder, wie sich Farben mischen. Im ersten Schritt ist dies weitgehendst dem Zufall überlassen. Beim weiteren Überarbeiten, gestaltet das Kind planvoll mit Farbe und Form.

1 Die drei Grundfarben (damit erhält man die besten Mischergebnisse) mit Wasser in den Behältern anrühren; die Farbe soll tintenartige Konsistenz haben.

2 Aquarellpapier zurecht legen und mit dem dicken Pinsel je einen ergiebigen roten, blauen und gelben Farbtropfen aufbringen (1).

3 Den Trinkhalm direkt an die Farbflecken halten und die Farben kräftig verpusten, vor allem ineinander, damit sie sich vermischen. Das Blatt beim Pusten drehen, das vereinfacht den Vorgang (2).

1

2

Aquarell-Mischtechnik

Sind kleinere Kinder an dieser Stelle mit den Ergebnissen zufrieden, sollte man es dabei belassen, ältere Kinder können das Bild weiter ausgestalten.

4 **Möglichkeit I**:
Die gut verpustete Figur leicht antrocknen lassen, ein Blatt darauf legen und mit der Hand darüber streichen, abziehen. Die Farbe ist heller geworden und hat Spuren und Schlieren gebildet (3).

5 Ist die Farbe trocken, einen blauen Fleck auftropfen und sofort verpusten. Auf diese Weise hat man mehr Einfluss darauf, den Zufall zu steuern und kann gut beobachten, welche neue Farbe erscheint, wenn sie über eine vorhandene fließt. Den Vorgang mit Rot und Gelb wiederholen.

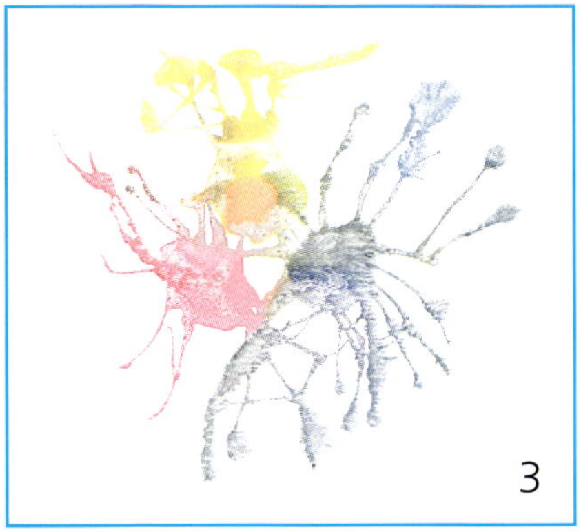
3

4

6 Zum Schluß bildnerische Akzente setzen: gezielt Tupfen in den Grundfarben dem Bildganzen zuordnen (4). Bild ausschneiden und unter ein farbiges Passepartout legen. Die Farbe des Passepartouts verändert die Farbwirkung des Bildes. Ein dunkler Rahmen bringt die Farben stärker zum Leuchten, eine heller dunkelt die Farben ab.

Farbspuren malen

Farbspiralen • Schmelztechnik

7 **Möglichkeit II:**
Schritte 1-3 wiederholen. Die Farbfigur gut trocknen lassen. Mit dem dünnen Pinsel einen Rahmen um das Bild malen; ersatzweise auf Farbstift zurückgreifen und Lineal zur Hilfe nehmen. Der Rahmen läßt den Gestaltungsraum sichtbar werden, in den hinein gearbeitet werden kann.

8 Vorhandene Linien mit dem Pinsel verlängern oder beliebig neue hinzufügen. Dann die weißen Zwischenräume farbig ausmalen. Dabei mit der Farbe die vorhandenen Farbfelder teilweise überschichten. Kinder können entdecken, was geschieht, wenn mit Gelb ein rotes oder blaues Feld übermalt wird oder wie sich das Rot verändert, wenn es mit der gleichen Farbe überschichtet wird.

Werkzeug und Material

- **Wachsmalblöcke***
  Rot, Orange, Gelb, Blau, Grün, Violet, Weiß
- **Malpapier**
- **Warmhalteplatte**
  zur Durchführung der Schmelztechnik
- **Zeitungspapier**
  zum Abdecken der Warmhalteplatte

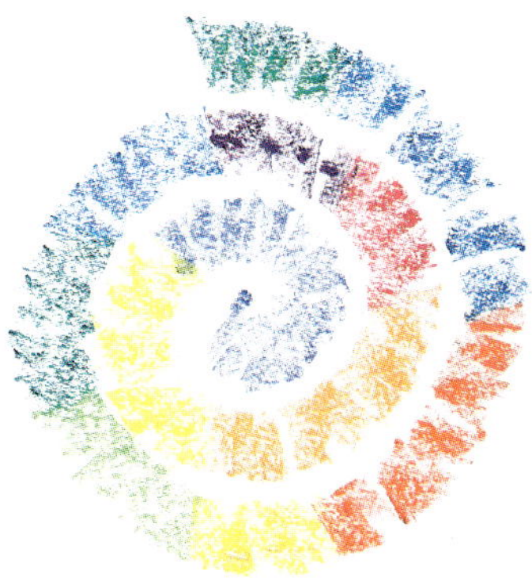

* Wir haben mit Stockmar Wachsmalblöcken gearbeitet.

1

1 Spirale vorzeichnen. Dafür die Mitte mit einem Punkt markieren . Mit der schmalen Kante eines Wachsfarbblockes schrittweise Farbfelder setzen (1), dabei das Blatt drehen. Farben mehrmals wechseln.

2 Wenn die Spirale auf diese Weise vorgemalt ist (Zeichnung links), mit der Schmelztechnik beginnen. Wärmeplatte mit mehreren Lagen Zeitungspapier abdecken und das Gerät so heiß werden lassen, dass die Wachsmalfarben beim

In der Schmelztechnik vermischen sich die Farben beim Übermalen und es entstehen Zwischentöne

Um eine gelbe Mitte werden kalte Blau-, Rot- und Grüntöne angeordnet

Um eine violette Mitte werden warme Rot-, Braun- und Gelbtöne angeordnet

Aufstreichen flüssig wird. Die Farben mischen sich beim Übermalen zu Zwischentönen.
Eine kleine Vorübung ist daher ratsam.

3 Blatt mit Farbspirale auf das Zeitungspapier legen. Vorgezeichnete Spirale mit Wachsmalfarben übermalen. Partieweise vorgehen; Farbansätze sollen sich überlappen, damit sich die Farben beim Schmelzen mischen. Im zweiten Durchgang partiell Farbauftrag verstärken und mit Weiß aufhellen, damit sich kräftige, dunkle und helle Farbtöne abwechseln. Durch dieses Vorgehen kommt die Farbe „in Bewegung".

Durch Verändern des Drucks beim Malen entstehen geschlossene oder aufgebrochene Flächen, die man als gestalterisches Ausdrucksmittel einsetzen kann.

Farbspuren drucken

Werkzeug und Material

• **Tempera- oder Aquarellfarben in Karminrot, Ultramarinblau***

• **Malpapier**

• **Kartoffeln**
für Kartoffelstempel

• **Pinsel**
zum Auftragen der Farbe

• **Wasserbehälter**

* Wir haben mit Stockmar Aquarellfarben gearbeitet.

1 Farben dickflüssig anrühren. Spirale mit Bleistiftstrich vorzeichnen. Sie soll einen Durchmesser von circa 14 cm haben, damit man problemlos stempeln kann.

2 Aus Kartoffeln je einen Stempel für die Farben Blau und Rot schneiden; etwa 1x1 cm groß (1) .

3 Stempel mit Farbe bestreichen. Beim Drucken von innen nach außen mit Rot beginnen (3), mit Blau fortfahren. Dabei immer den Stempel ganz ausdrucken bis die Farbe ganz hell wird (2 und 3).

4 Zwischenräume ausfüllen, dabei die vorhandenen Farben teilweise überdrucken. Es entstehen rot- und blauviolette Töne (4).

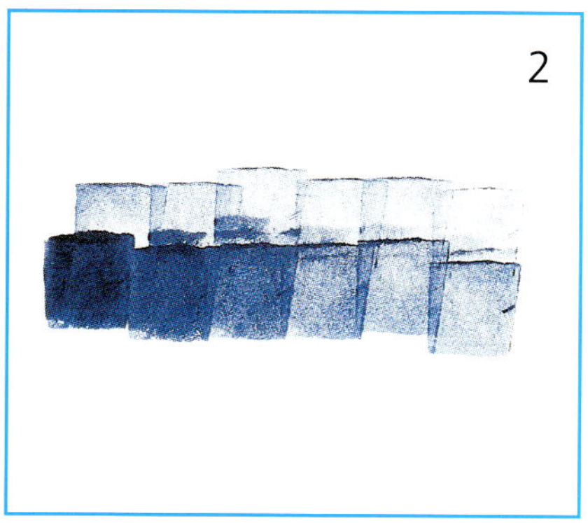

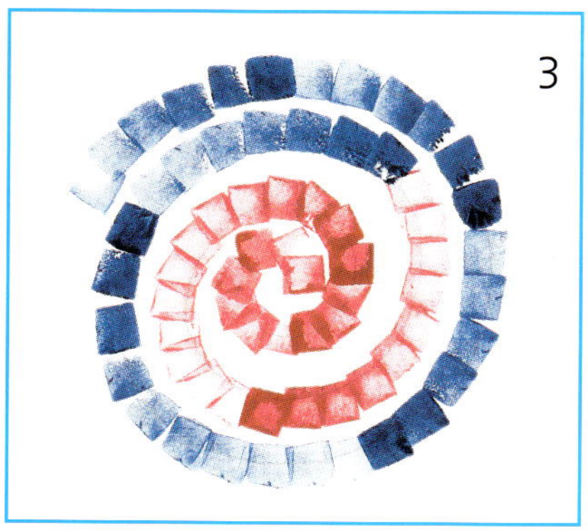

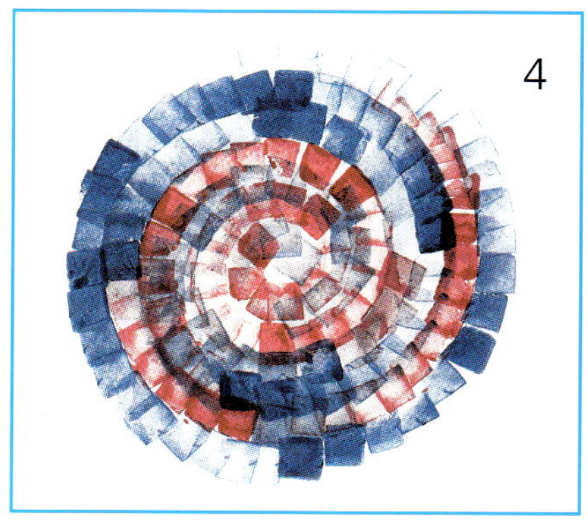

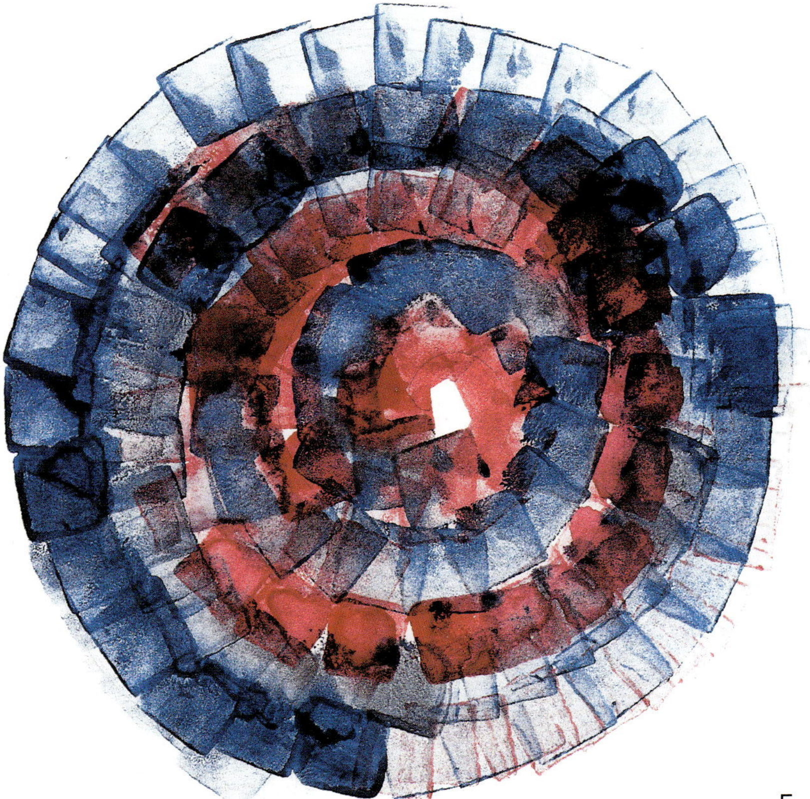

5

5 Die Farbspirale kann durch zusätzliches Überdrucken weiter verdichtet werden (5). Vorher die Farben verdünnen; es darf nur mit schwachem Farbauftrag überdruckt werden, damit die Farben transparent bleiben.

Anregungen

Beim Malen von Farbspiralen können sich Kinder ganz auf die Farbvorgänge konzentrieren, denn die Aufgabe ist es nicht, ein Thema oder Motiv farbig zu gestalten, sondern Farbklänge zu erzeugen. Kinder lernen auf diese Weise die Qualitäten der Farbe kennen z.B. hell - dunkel, warm - kalt, aktiv - passiv, leuchtend - matt.

Bei den vorgeschlagenen Techniken sind die Farben vorgegeben. Ältere Kinder, die im Farbenmischen sicher sind, können sich ihre Farben selbst wählen.

Die Farbklänge, die erscheinen, können ganz unterschiedlichen Charakters sein, je nach Themenvorgabe, zum Beispiel: »Zwei Komplementärfarben begegnen sich« - »Die hellen Farben sind innen, die dunklen außen« und umgekehrt - »Ein festlicher, warmer Farbklang entsteht« oder »Alle kühlen Farben treffen sich in der Mitte«.

Farbklänge

Werkzeug und Material

- **Aquarellfarben: Ultramarinblau und Preußischblau, zum Mischen Grün, Karminrot, Weiß und Schwarz**
- **Aquarellpapier**
- **Zirkel und Lineal**
- **Rundpinsel in den Stärken 8 und 4 mm**

1 Fünf konzentrische Kreise mit den Radien 8, 6, 4,5, 2,5 und 1,5 Zentimeter (Abb. 1) schlagen. 8 Zentimeter in den Zirkel nehmen, auf einer beliebigen Stelle (= x) des Außenkreises einstechen und vom Mittelpunkt aus einen Bogen schlagen, der den Außenkreis schneidet. An dieser Schnittstelle erneut einstechen und einen Bogen schlagen; insgesamt 6 Bögen zeichnen (Abb. 2).

Nach einiger Übung werden Kinder entdecken, dass sie viele Rosetten-Variationen selbst erfinden können.

2 Die Mitte zwischen den Punkten A und B (Abb. 3) konstruieren. Im so gewonnenen Schnittpunkt (= x) einstechen und einen Bogen schlagen; im neu entstandenen Schnittpunkt einstechen und den nächsten Bogen schlagen; insgesamt 6 Bögen zeichnen.

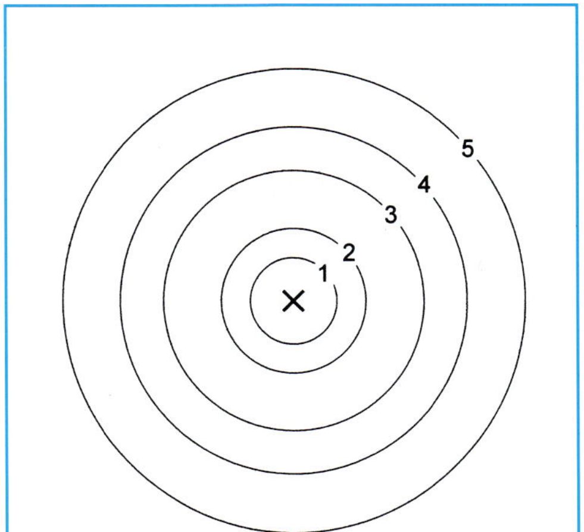

1

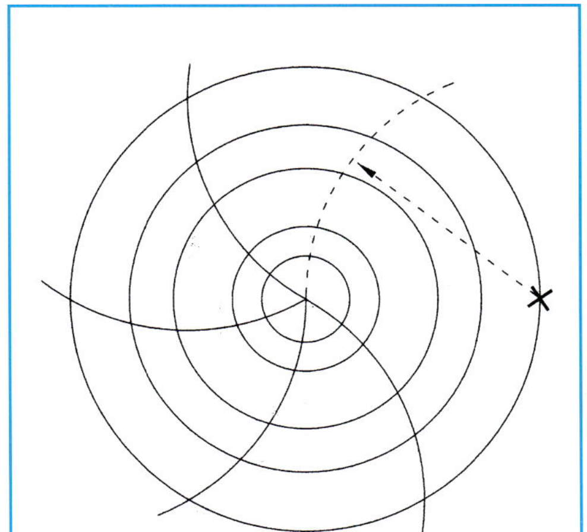
2

3 Zum Zeichnen der Blütenblätter 6 Zentimeter in den Zirkel nehmen, auf Kreis 4 in die markierte Schnittstelle (=x) einstechen und vom Kreismittelpunkt bis Kreis 4 einen Bogen schlagen (= gestrichelte Linie). Auf diese Weise fortfahren und alle Blütenblätter zeichnen (Abb. 4).

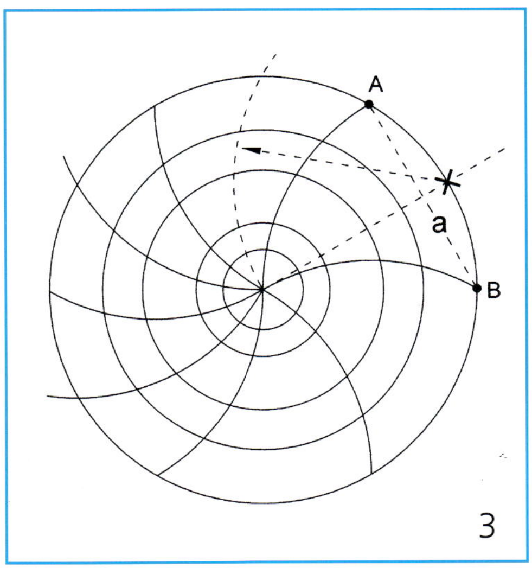

3

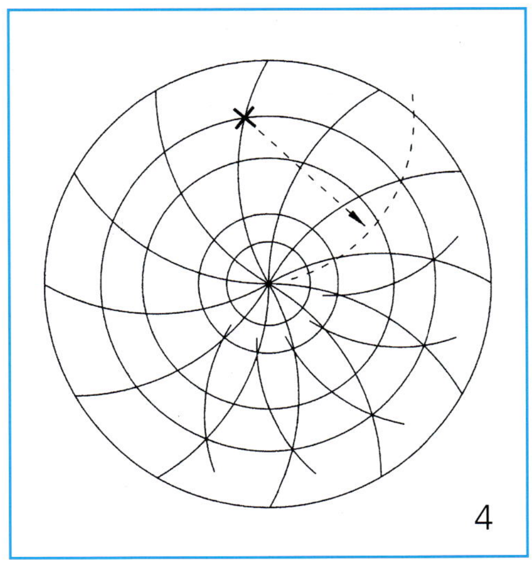
4

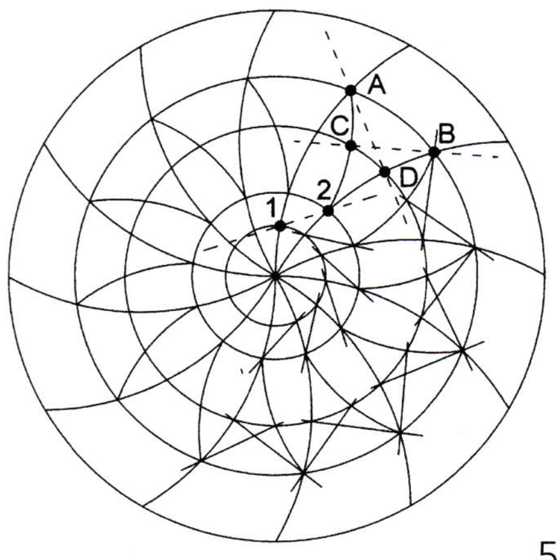

5

6

Um Rosetten mit Lineal und Zirkel zu konstruieren, bedarf es geometrischer Grundkenntnisse. Das Ausmalen mit Pinsel und Wasserfarben setzt einige Geschicklichkeit voraus.

4 Mit dem Lineal werden die Punkte 1 und 2 der inneren Kreise (= Kreis 1 und 2) verbunden. Auf den Kreisen 3 und 4 die Punkte A und D sowie C und B mit dem Lineal verbinden (Abb. 5), so dass sternförmige Zacken entstehen.

5 Die kleinen Kreise zwischen den Sternspitzen mit der Hand einzeichnen. Geschickte Kinder können auch mit dem Zirkel arbeiten.

6 Die Rosette mit Pinsel und Wasserfarben ausmalen. Dafür die Blautöne aufhellen und abdunkeln; das geschieht entweder durch Mischen mit Weiß bzw. Schwarz oder durch Zugabe von mehr oder weniger Wasser (siehe auch Seite 27 bis 31, »Vom Mischen der Farben«). Mit Rot ins Violette, mit Grün ins Blaugrüne abtönen wie das Beispiel auf Seite 43 zeigt.

Anregung

Kleinere Kinder möchten mit ihren größeren Geschwistern oft mithalten, sind aber überfordert. Meist lassen sich die Aufgaben kindgerecht umgestalten. Schulreife Kinder können z.B. eine vorgezeichnete Rosette mit Buntstiften ausmalen.

Farbstimmungen

Ein Gedicht farbig gestalten

Farbstimmungen kann man in der Natur erleben. Die Dichter der Romantik haben sie in zauberhaften Wortschöpfungen eingefangen. An Eduard Mörikes Gedicht »Septembermorgen« soll beispielhaft gezeigt werden, wie man ein Gedicht farbig gestalten kann. Die Buchstaben dienen als vorgegebene Formen für die Farben, die den Wortinhalt in Farbqualitäten umsetzen sollen. Es ist ohne Bedeutung, ob man die Worte hinterher lesen kann. Ziel ist es, die Farbstimmung des Gedichtes zu erfassen und darzustellen.

Septembermorgen

Im Nebel ruhet noch die Welt,
Noch träumen Wald und Wiesen:
Bald siehst du, wenn der Schleier fällt,
Den blauen Himmel unverstellt,
Herbstkräftig die gedämpfte Welt
In warmem Golde fließen.

Eduard Mörike

Werkzeug und Material

- **Tuschkasten** oder andere Wasserfarben in mehreren Farbtönen
- **Bleistift und Lineal**
- **Aquarellpapier**
- **Rundpinsel** 5 und 8 mm stark
- **Wasserbehälter, Mallappen**

1 Ein ganzes Gedicht zu gestalten ist sehr aufwendig. Gerade Kinder werden in seltenen Fällen dafür die entsprechende Geduld aufbringen. Es ist jedoch völlig ausreichend, die charakteristischen Worte eines Gedichtes herauszusuchen.

Beim vorgegebenen Beispiel wurden folgende Worte ausgewählt:

NEBEL WELT
TRÄUMET WALD
SCHLEIER FÄLLT
BLAUER HIMMEL
HERBSTKRÄFTIG
WARMEM GOLDE

2 Auf einem Aquarellpapier dünne Linien im Abstand von circa drei Zentimetern ziehen. Die Worte in Großbuchstaben eng nebeneinander setzen; dadurch bil-

1

den sich aus den Buchstaben und deren Zwischenräumen Gestaltungsflächen, die farbig ausgemalt werden (Abb. 1 und 2).

2

3 Zuerst alle Buchstaben ausmalen (Abb. 3). Dabei dem Wortsinn nachspüren; z.B. grauer, graublauer, graubrauner Nebel, dunkelblauer, blaugrüner träumender Wald, die Herbstfarben leuchten, usw (3).

4 Die Farbe gut trocknen lassen, dann die Zwischenräume farbig ausgestalten. Dabei nach Gutdünken vorhandene Farben überschichten. Im Beispiel auf Seite 44 wurde die erste Zeile mit einem Flachpinsel und stark

3

verdünntem Schwarz übermalt, um den Nebelcharakter zu verstärken.

5 Nachdem die Farben erneut gut durchgetrocknet sind, das Gedicht noch einmal überarbeiten. Abbildung 4 gibt ein Beispiel, wie man durch Übermalen Farben verstärkt und verändert oder sie durch Auswaschen mit einem nassen Schwamm abschwächt. Dieser individuelle Gestaltungsprozess lässt sich im Detail nicht vorschreiben. Jetzt sind Einfühlungsvermögen und Phantasie gefragt.

4

Hinweis
Denken Sie beim Übermalen von Farben daran, dass Töne, die mit Weiß aufgehellt wurden, decken, d.h. die darunter liegende Farbe scheint nicht mehr durch. Nur Wasserfarben über Wasserfarben bleiben transparent.

Kinder gestalten mit Farben

»Das Licht, dieses Urphänomen der Welt, offenbart uns in den Farben den Geist und die lebendige Seele der Welt.«

Johannes Itten

Sich bildnerisch zu äußern, gehört zu den frühesten Bedürfnissen des Kindes. Es zieht mit den Fingern Spuren in den Sand, es zeichnet mit einem Stöckchen Linien in die weiche Erde, und es malt sich seine ganze Welt mit bunten Kreiden auf den Gehsteig.

Auch bei den ersten Versuchen mit Pinsel und Farben malt es keine farbigen Flächen sondern Farbspuren. Es taucht den Pinsel in die Farbe und setzt in beherzten Bewegungen Kreise, Linien, Flecken, Tupfen und Zeichen nebeneinander, erprobt eine neue Farbe, verstreicht sie, dehnt sie aus, übermalt sie. Die Vier- bis Zehnjährigen beginnen gewöhnlich mit dem Pinsel Umrisse zu bilden, denen sie eine Farbe und eine Bedeutung zuordnen. Sie arbeiten noch nicht aus der Farbe heraus. In dieser Altersgruppe steht die Freude an der Bewegung, die sich auf dem Blatt als innere Geste offenbart, im Vordergrund. Erst im Laufe der weiteren Entwicklung wird die Farbe als eigenständige Qualität entdeckt und als autonomes Gestaltungsmittel eingesetzt.

Bereits das Kind im Kindergartenalter kann die Grundfarben Rot, Blau und Gelb unterscheiden und benennen sowie Schwarz und Weiß. Je nach Entwicklungsstand kennt es auch die sogenannten Sekundärfarben Orange, Grün und Violett, die aus den Grundfarben gemischt werden. Jedes Kind hat eine Lieblingsfarbe, die es als einen persönlichen Schatz betrachtet. Ebenso heftig wie die Zuneigung zu einer bestimmten Farbe sein kann, ist die Abneigung zu Farben, die das Kind abstoßend findet. Das sind oft die dunklen Töne, Schwarz und Graunuancen, die als düster empfunden werden. Vorliebe und Aversion können einen längeren Zeitraum andauern; später werden sie beeinflusst durch Trends, Modefarben usw. Im Laufe der Entwicklung verfeinert sich das Farbempfinden und die Fähigkeit, Farben gegeneinander abzugrenzen; die Kinder lernen kalte und warme Farben, dunkle und helle, leuchtende und matte zu differenzieren.

Beim Malen mit Farben zeigt das Kind nicht nur seine persönliche Beziehung zu den Farben, es drückt auch temporäre Stimmungen aus, was Schlüsse auf sein innerstes Wesen zulässt. »Malerei ist also ein taugliches Mittel, um subjektive Gefühlserlebnisse umzusetzen. Sie vermag auszudrücken, was sich im Innern des Menschen bewegt: Glück, Heiterkeit und Freude, Angst und Hass, Bedrohung, Agressivität, die Stimmung eines Traumes, ... die Empfindung von Dynamik und Ruhe.«[1]

Ist ein Kind temperamentvoll und willensstark wird es mit leuchtenden kräftigen Farben malen. Ist es feinfühlig und behutsam wird es helle, zarte Farben bevorzugen. Ruhe und Zurückhaltung drücken sich in der Farbgebung ebenso aus wie Überschwang und Übermut. Ordnet man die Farben den Temperamenten zu, gehört Rot zum Choleriker, Grün zum Phlegmatiker, Gelb zum Sanguiniker und Blau zum Melancholiker.

Durch den Umgang mit Farben lernen Kinder nicht nur Farben zu unterscheiden, zu benennen, zu beurteilen und zuzuordnen. »Eine sorgfältige Schule der Farbdifferenzierung zeitigt Früchte auf den verschiedensten Gebieten: Sie verfeinert die Wahrnehmung aller farbigen Phänomene (Natur, Umwelt, Kunst, Photo, Film, Massenmedien), sie dient als Quelle eines differenzierteren Empfindens, sie führt zu einem erweiterten Farbbewusstsein.«[1]

Das kleine Kind geht mit den Farben expressiv um, ausschlaggebend ist der Gefühlswert der Farbe. Dabei prägt die Vorliebe für bestimmte Farben und Farbfamilien den Ausdruck und Charakter der Bilder. Die reale Erscheinungsfarbe spielt keine Rolle, sondern ausschließlich die Bedeutung, die das kleine Kind dem Dargestellten geben will. Später wird das Bemühen immer offenkundiger, den »wirklichen« Farben der Gegenstände näher zu kommen. Der Himmel ist blau, die Wiese grün, die Sonne gelb. Erst im Alter des Experimentierens und Forschens beginnt das Interesse an den Gesetzmäßigkeiten der Farben, ihren Wirkungen, Aussagen und Verhältnissen zueinander.

Dem eigentlichen Malgeschehen gehen zahlreiche innere Vorgänge und unbewußte Regungen voraus: Stimmungen und Empfindungen, Ahnungen, Wünsche und Träume, Vorstellungen und Erinnerungen. Diesen seelischen Bewegungen äußeren Ausdruck zu verleihen, begünstigt eine harmonische Entwicklung. Das Gestalten mit Farben lehrt das Kind, mit seinen Gefühlen umzugehen, erzieht zum Sehen und Unterscheiden, entwickelt die Intuition und verwandelt die Eindrücke in Wissen und Denken. Kinder bereits früh an das farbige Gestalten heranzuführen, ist eine große Bereicherung, denn »Farben sind lebendige Kräfte der Seele.«[2] Die Pflege der Sinne und aller seelischen Prozesse beim Gestalten mit Farben sowie bei allen schöpferischen Vorgängen führt das Kind zu seiner individuellen Mitte. »Denn das Kind ist ganzheitlich angelegt. Die Mitte seiner Harmonie wird aus der Quelle seiner Phantasie gespeist.«[2]

1 Gottfried Tritten, Malen - Erziehung zur Farbe, Verlag Haupt Bern; Stuttgart, 1985

2 Kurt Schwerdtfeger, Bildende Kunst und Schule, Verlag Hermann Schroedel, Hannover 1970